1316

RAPSODIES

Hop! hop! hop!
BÜRGER.

Tirage à 280 exemplaires, dont 9 sur chine.

—

Nᵒ

Imprimerie de J. H. BRIARD, rue des Mlulmes, 51

RAPSODIES

PAR

PÉTRUS BOREL

Hautain, audacieux, conseiller de soi-même,
Et d'un cœur obstiné se heurte à ce qu'il aime.
REGNIER.

Vous, dont les censures s'étendent
Dessus les ouvrages de tous,
Ce livre se moque de vous.
MALHERBE.

BRUXELLES
CHEZ TOUS LES LIBRAIRES
—
1868

Il faut qu'un enfant jetté sa bave avant de parler franc ; il faut que le poëte jette la sienne, j'ai jeté la mienne : la voici !... il faut que le métal bouillonnant dans le creuset rejette sa scorie ; la poésie bouillonnant dans ma poitrine a rejeté la sienne : la voici !... — Donc, ces Rapsodies sont de la bave et de la scorie ? — Oui ! — Alors pourquoi, à bon escient, s'inculper vis-à-vis de la foule ? pourquoi ne pas taire et anéantir ? — C'est que je veux rompre pour toujours avec elles ; c'est que, paraître que je suis, je veux les exposer, et en détourner la face ; c'est que, tant qu'on garde ces choses-là,

on y revient toujours, on ne peut s'en détacher ;
c'est que, sérieusement, une nouvelle ère ne
date, pour le poëte qui sérieusement prend
un long essor, que du jour où il tombe au jour :
il faut au peintre l'exposition, il faut au barde
l'impression.

Ceux qui liront mon livre me connaîtront :
peut-être est-il au-dessous de moi, mais il est
bien moi ; je ne l'ai point fait pour le faire, je
n'ai rien déguisé ; c'est un tout, un ensemble,
corollairement juxta-posé, de cris de douleur
et de joie jetés au milieu d'une enfance rarement dissipée, souvent détournée et toujours
misérable. Si parfois on le trouve positif et
commun, si rarement il rase les cieux, il faut
s'en prendre à ma position, qui n'a rien de cé-
lestin. La réalité me donne toujours le bras ; le
besoin est toujours là pour m'atterrer, quand je
veux prendre mon escousse.

Je ne suis ni cynique, ni bégueule : je dis ce
qui est vrai ; pour m'arracher une plainte, il
faut que mon mal soit bien cuisant ; jamais je
ne me suis mélancolié à l'usage des dames atta-

quées de consomption. Si j'ai pris plaisir à
étaler ma pauvreté, c'est parce que nos bardes
contemporains me puent avec leurs prétendus
poëmes et luxes pachaliques, leur galbe aristo-
crate, leurs momeries ecclésiastiques et leurs
sonnets à manchettes; à les entendre, on croi-
rait les voir un cilice ou des armoiries au flanc,
un rosaire ou un émerillon au poing. On croi-
rait voir les hautes dames de leurs pensées,
leurs vicomtesses... Leurs vicomtesses !... dites
donc plutôt leurs buandières !

Si je suis resté obscur et ignoré; si jamais
personne n'a tympanisé pour moi, si je n'ai
jamais été appelé aiglon ou cygne; en revanche,
je n'ai jamais été le paillasse d'aucun; je n'ai
jamais tambouriné pour amasser la foule autour
d'un maître, nul ne peut me dire son apprenti.

Assurément la bourgeoisie ne sera point effa-
rouchée des noms à dédicace qu'elle rencon-
trera dans ce volume; simplement, ce sont tous
jeunes gens, comme moi; de cœur et de courage, avec lesquels je grandis, que j'aime tous !
Ce sont eux qui font disparaître pour moi la

platitude de cette vie ; ils sont tous francs amis,
tous camarades de notre camaraderie, camaraderie serrée, non pas celle de M. Henri De-
latouche : la nôtre il ne la comprendrait point.
si je ne craignais d'avoir l'air de parangoner
nos petits noms à de grands, je dirais que la
nôtre, c'est celle du Titien et de l'Arioste, celle
de Molière et de Mignard. C'est à vous surtout,
compagnons, que je donne ce livre ! Il a été fait
parmi vous, vous pouvez le revendiquer. Il est
à toi, Jehan Duseigneur, le statuaire, beau et
bon de cœur, fier et courageux à l'œuvre, pourtant candide comme une fille. Courage ! ta
place serait belle : la France pour la première
fois aurait un statuaire français. — A toi, Napoléon Thom, le peintre, air, franchise, poignée
de main soldatesque. Courage ! tu es dans une
atmosphère de génie. — A toi, bon Gérard :
quand donc les directeurs gabelous de la litté-
rature laisseront-ils arriver au comité public
tes œuvres, si bien accueillies de leurs petits
comités. — A toi, Vigneron, qui as ma profonde amitié, toi, qui prouves au lâche ce que

peut la persévérance ; si tu as porté l'auge, Ja-
merai Duval a été bouvier. — A toi, Joseph
Bouchardy, le graveur, cœur de salpêtre ! —
A toi, Théophile Gautier. — A toi, Alphonse
Brot ! — A toi, Augustus Mac-Keat ! — A toi,
Vabre ! à toi, Léon ! à toi, O'Neddy, etc. ; à vous
tous ! que j'aime.

Ceux qui me jugeront par ce livre, et qui
désespéreront de moi, se tromperont ; ceux qui
m'ajourneront un haut talent, se tromperont
aussi. Je ne fais pas de la modestie, car pour
ceux qui m'accuseront de métagraboliser, j'ai
ma conviction de poëte, j'en rirai.

Je n'ai plus rien à dire, sinon que j'aurais
bien pu faire pour préliminaire un para-
nymphe, ou mon éthopée, ou bien encore, sur
l'art, un long traité *ex professo ;* mais il me répugne de vendre de la préface ; et puis, ne
serait-il pas ridicule de dire tant à propos de
si peu ? Pourtant j'y songe ; j'ai quelques pièces
entachées de politique : ne va-t-on pas m'ana-
thématiser, et japer au républicain ? — Pour
prévenir tout interrogatoire, je dirai donc fran-

chement : Oui, je suis républicain ! Qu'on demande au duc d'Orléans, le père, s'il se sou-
vient, lorsqu'il allait s'assermenter le 9 août à
l'ex-Chambre, de la voix qui le poursuivait, lui
jetant à la face les cris Liberté et République,
au milieu des acclamations d'une populace
pipée? Oui! je suis républicain, mais ce n'est
pas le soleil de juillet qui a fait éclore en moi
cette haute pensée, je le suis d'enfance; mais
non pas républicain à jarretière rouge ou bleue
à ma carmagnole, pérorateur de hangar et
planteur de peupliers ; je suis républicain
comme l'entendrait un loup-cervier : mon ré-
publicanisme, c'est de la lycanthropie ! — Si je
parle de République, c'est parce que ce mot me
représente la plus large indépendance que
puisse laisser l'association et la civilisation. Je
suis républicain parce que je ne puis pas être
Caraïbe; j'ai besoin d'une somme énorme de
liberté : la République me la donnera-t-elle? je
n'ai pas l'expérience pour moi. Mais quand cet
espoir sera déçu comme tant d'autres illusions,
il me restera le Missouri!... Quand on est ici-

bas partagé comme moi, quand on est aigri par
tant de maux, revât-on l'égalité, appelât-on
la loi agraire, qu'on ne mériterait encore qu'ap-
plaudissements.

Ceux qui diront : Ce tome est l'œuvre d'un
fou, d'un de ces bouquetins romantiques qui
ont remis l'âme et le bon Dieu à la mode, qui,
d'après les figarotiers, mangent des enfants et
font du grog dans des crânes. Pour ceux-là je
puis les éviter, j'ai leur signalement.

Front déprimé ou étranglé comme par des
forceps, cheveux filasseux, de chaque côté des
joues une lanière de couenne poilue, un col de
chemise ensevelissant la tête et formant un dou-
ble triangle de toile blanche, chapeau en tuyau
de poêle, habit en sifflet et parapluie.

Pour ceux qui diront : c'est l'œuvre d'un
saint-simoniaque !... pour ceux qui diront : C'est
l'œuvre d'un républicain, d'un basiléophage :
il faut le tuer !... Pour ceux-là, ce seront des
boutiquiers sans chalandise : les regratiers sans
chalands sont des tigres !... des notaires qui
perdraient tout à une réforme : le notaire est

philippiste comme un passementier !... Ce seront de bonnes gens, voyant la République dans la guillotine et les assignats. La République pour eux n'est qu'un étêtement. Ils n'ont rien compris à la haute mission de Saint-Just : ils lui reprochent quelques nécessités, et puis ils admirent les carnages de Buonaparte,—Buonaparte ! — et ses huit millions d'hommes tués !

A ceux qui diront : Ce livre a quelque chose de suburbain qui répugne, on répondra qu'effectivement l'auteur ne fait pas le lit du roi.

D'ailleurs, n'est-il pas à la hauteur d'une époque où l'on a pour gouvernants de stupides escompteurs, marchands de fusils, et pour Monarque, un homme ayant pour légende et exergue : « Dieu soit loué, et mes boutiques aussi ! »

Heureusement que pour se consoler de tout cela, il nous reste l'adultère ! le tabac de Maryland ! et du papel español por cigaritos.

RAPSODIES

RAPSODIES.

A LÉON CLOPET,

ARCHITECTE.

PROLOGUE.

> Voici, je m'en vais faire une chose nouvelle qui
> viendra en avant; et les bêtes des champs, les
> dragons et les chats-huants me glorifieront.
> **LA BIBLE.**

Quand ton Pétrus ou ton Pierre
N'avait pas même une pierre
Pour se poser, l'œil tari,
Un clou sur un mur avare
Pour suspendre sa guitare,
Tu me donnas un abri.

1

Tu me dis : — Viens, mon rapsode,
Viens chez moi finir ton ode ;
Car ton ciel n'est pas d'azur,
Ainsi que le ciel d'Homère,
Ou du provençal trouvère ;
L'air est froid, le sol est dur.

Paris n'a point de bocage,
Viens donc, je t'ouvre ma cage,
Où, pauvre, gaîment je vis ;
Viens, l'amitié nous rassemble,
Nous partagerons, ensemble,
Quelques grains de chenevis. —

Tout bas, mon âme honteuse
Bénissait ta voix flatteuse
Qui caressait son malheur ;
Car toi seul, au sort austère
Qui m'accablait solitaire,
Léon, tu donnas un pleur.

Quoi ! ma franchise te blesse ?
Voudrais-tu que, par faiblesse,
On voilât sa pauvreté ?
Non, non, nouveau Malfilâtre,

Je veux, au siècle paraître,
Étaler ma nudité !

Je le veux, afin qu'on sache
Que je ne suis point un lâche,
Car j'ai deux parts de douleur
A ce banquet de la terre ;
Car, bien jeune, la misère
N'a pu briser ma verdeur.

Je le veux, afin qu'on sache
Que je n'ai que ma moustache,
Ma chanson et puis mon cœur,
Qui se rit de la détresse ;
Et que mon âme maîtresse
Contre tout surgit vainqueur.

Je le veux, afin qu'on sache,
Que, sans toge et sans rondache,
Ni chancelier, ni baron,
Je ne suis point gentilhomme,
Ni commis à maigre somme
Parodiant lord Byron.

A la cour, dans ses orgies,
Je n'ai point fait d'élégies,

Point d'hymne à la déité;
Sur le flanc d'une duchesse,
Barbôttant dans la richesse
De lai sur ma pauvreté.

LARME A MON FRÈRE.

—

BÉNONI.

Sa jeunesse, qui ne fut pas toujours à l'abri du besoin,...
lui fit contracter cette âpreté et cette inquiète et soupçon-
neuse irritabilité, suite infaillible, pour les âmes fortes,
de l'opposition entre la dépendance à laquelle la nécessité
les soumet, et de la liberté que demandent les grandes
pensées qui les occupent.

CONDORCET.

C'est ce qui m'a tué!

Bénoni BOREL.

Il dort, mon Bénoni, bien moins souffrant sans doute,
C'est le premier sommeil qu'aussi longtemps il goûte;
Il dort depuis hier que, le regard terni,
Dans sa débile main il a serré la mienne,
Disant : Vous m'aimez tous! maintenant qu'elle vienne!...
Il dort, mon Bénoni !

1.

Il dort, mon Bénoni! viens le voir, il repose ;
Marche bien doucement, car le bruit l'indispose.
Viens le voir au salon d'où chacun s'est banni ;
Parlons bas, parlons bas, s'il allait nous entendre,
S'éveiller pour souffrir, son sommeil est si tendre!
       Il dort, mon Bénoni !

Il dort, mon Bénoni ! de ta main inquiète
Relève ces rideaux ; oh ! regarde sa tête,
Vois ses grands yeux fermés, son front moins rembruni,
Le calme de ses traits ;... tiens, le vois-tu sourire?
Un doux rêve l'occupe, écoutons :... il soupire...
       Il dort, mon Bénoni !

Il dort, mon Bénoni ! quoi! méchant, tu l'appelles?
Laisse-le dans sa paix ; tu trembles, tu chancelles,
Tu l'embrasses, tu prends son bras qui m'a béni !
Ne le réveille pas... D'où naissent tes alarmes?
Je vais pleurer aussi, si tu verses des larmes?
       Il dort, mon Bénoni !

— Il dort, ton Bénoni !... Douce erreur que j'envie !
Pauvre enfant !... ignorant le secret de la vie,
Son jour mélancolique avant l'heure a fini ;
Son âme avait brisé son corps par la pensée,
Et sans être comprise aux cieux elle est passée !
       Il dort, ton Bénoni !

A E. D***,

PEINTRE.

—

LE VIEUX CAPITAINE.

Mais enfin le matelot crie :
Terre ! terre ! là-bas, voyez !...
BÉRANGER.

I

Jean, mon vieux matelot, nous touchons : France ! France !
Cet air, de nos longs cours, emporte la souffrance.
            Jean, serait-ce une erreur ?
Vois-tu, dans la vapeur qui nous cache la grève,
Vois-tu là-bas flotter ?... Non, ce n'est point un rêve :
            Il vit, notre Empereur !

Jean, embrasse-moi donc !..... Tu ris et tu m'assures
Par tes gros pleurs joyeux, serre moins mes blessures ;
            Sens-tu battre ce cœur ?

Heureux ! le serviteur à qui Dieu peut permettre,
Après quinze ans d'exil, de revoir son vieux maître :
      Il vit, notre Empereur !

Jean, que simple on était de croire à cette perte :
J'étais bien sûr qu'enfin, de son île déserte,
      Loin des rois la terreur !
Un jour il reviendrait debout, la lame nue,
Éveiller ses Français avec sa voix connue :
      Il vit, notre Empereur !

Jean, que simple on était de croire que cet homme
Qui se sacra lui-même avec la main de Rome,
      Et qui s'assit, vainqueur,
Déjouant le poignard, riant aux anarchies,
Sur le trône détruit des vieilles monarchies : —
      Il vit, notre Empereur !

Jean, que simple on était ! croire que l'homme austère
Qui d'un geste, dix ans, a foudroyé la terre,
      Mourrait comme un pasteur ;
N'entend-on pas le brick qui s'entr'ouvre et qui lutte,
Ou le cri du rocher qui s'écrase en sa chute ?...
      Il vit, notre Empereur !

Jean, comme nous un jour, s'il doit quitter ce monde,
Le globe sentira la secousse profonde,

Jetant une clameur :
Comme à la mort du Christ, prodiges sans exemple,
Déchireront la terre et le voile du Temple !
Il vit, notre Empereur !

Jean, cargue le pennon, pavillon qu'on abhorre,
Attachons à ces mâts ce flottant météore
Qu'envoie un ciel vengeur !
A sa vue, ébloui, l'ossifrague s'arrête ;
Et la vague en respect semble incliner sa tête :
Il vit, notre Empereur !...

Jean, tout comme un obus mon cœur en joie éclate.
Qu'il est beau, comme il flotte, azur ! blanc ! écarlate !
Le drapeau rédempteur,
Qui de son long tissu, mortuaire enveloppe,
Emmaillota les rois, emmantela l'Europe !
Il vit, notre Empereur !...

Jean, cours aux canonniers, dis-leur que la patrie
A secoué le joug, que notre artillerie
Doit tonner ce bonheur !
Que tribord et babord lancent vingt fois leur foudre !
Dieu ! que de patients ce jour-là doit absoudre ! !...
Il vit, notre Empereur !

II

Jean, quel est donc ce cri que, là-bas sur la plage,
  La foule a cent fois répété?
Est-ce Napoléon? — Non, dans ces cris de rage,
  Je n'entends rien que : Liberté. —
Cependant, couronnant le chef de la bannière,
  C'est bien un aigle que je vois?
Oui! l'aigle impérial enserrant le tonnerre!...
— Pardon, mon commandant, c'est le vieux coq gaulois!

A ces mots, sur le pont, on voit le capitaine
  Pâlir et reculer;
Et les deux vétérans, la mine moins hautaine,
  Se regardent sans se parler.
Plus surpris et défaits que dans la nuit fatale,
  Et, dans son fol enivrement,
Une fille qui croit accoler son amant,
  Et qui baise au front sa rivale.

ADROIT REFUS.

—

Je ne puis l'oster de mon âme.
Non plus que vous y recevoir.
MALHERBE.

Elle était de l'âge d'un vieil bœuf, dési-
rable et fraîche.
DÉROALDE DE VERVILLE.

Ah! ne m'accusez pas d'être froid, insensible;
D'avoir l'œil dédaigneux, le rire d'un méchant;
D'avoir un cœur de bronze à tout inaccessible;
D'avoir l'âme fermée au plus tendre penchant.
Vous me dèvinez peu malgré votre science :
Croyez moins désormais à cette insouciance,
J'aime, et d'un amour vif; j'en fais l'aveu touchant.

J'aime, en un manoir sombre et carlovingiaque,
Sillonné vers le soir par de rouges éclairs,
Seul, au balcon hardi, d'un luth élégiaque,
Éveiller des accords frémissants dans les airs.

Caché, j'aime à compter les baisers d'une amante ;
A contempler le ciel dans une onde dormante,
Et la lune bercée argentant des flots clairs.

J'aime de cent chasseurs voir la tourbe effrayante;
La voix rauque des cors tonnant au fond des bois ;
Le hahé des valets à la meute aboyante ;
Puis l'hallali joyeux, les déchirants abois.
Puis, j'aime voir après, quand le soleil décline,
Quelques bons montagnards, au pied de la colline,
Naïvement danser aux chansons d'un hautbois.

J'aime à brûler parfois l'oliban et la manne ;
A savourer aux champs le parfum d'une fleur.
J'aime nonchalamment, sur la molle ottomane,
M'étendre, demi-nu, quand darde la chaleur ;
Prolonger jusqu'au soir la sieste favorite ;
Fumer le calumet, l'odorant cigarite,
Et d'un thé délicat égayer ma douleur.

J'aime à bouleverser une bibliothèque,
Fouiller un chroniqueur qu'on a laissé moisir,
Déchiffrer un latin, quelque vieille ode grecque,
Essayer un rondeau, peindre un ange à loisir ;
Puis surtout, d'un festin l'enivrante magie,

L'impudeur effrontée assise en une orgie,
Où s'affaisse mon corps sous le poids du plaisir.

J'aime enfin chevaucher dans les bois, les campagnes,
Sur mon prompt alezan par une nuit d'été.
J'aime des cris de guerre éveillant les montagnes;
J'aime enfin l'incendie, horrible volupté!
Écraser un tyran sous sa lourde oriflamme!
Au sang de l'étranger retremper une lame,
La lui briser au cœur, en criant liberté!

Ah! ne m'accusez pas d'être froid, insensible,
D'avoir l'œil dédaigneux, le rire d'un méchant;
D'avoir un cœur de bronze à tout inaccessible,
D'avoir l'âme fermée au plus tendre penchant.
Vous me devinez peu malgré votre science :
Croyez moins désormais à cette insouciance,
J'aime, et d'un amour vif; j'en fais l'aveu touchant.

2

A JOSEPH BOUCHARDI,

GRAVEUR.

—

SANCULOTTIDE.

(Avril 1831.)

Sic locutus est leo,
PHÆD.

Il y a quelque chose de terrible dans
l'amour sacré de la patrie,
SAINT-JUST.

Dors, mon bon poignard, dors, vieux compagnon fidèle,
Dors, bercé dans ma main, patriote trésor !
Tu dois être bien las ? sur toi le sang ruissèle,
Et du choc de cent coups ta lame vibre encor !

Je suis content de toi, tu comprends bien mon âme,
Tu guettes ses désirs ; quand mon bras assassin
Te pousse, en l'air traçant une courbe de flamme,
Tu vas à la victime et lui cribles le sein.

Dors, mon bon poignard, dors, vieux compagnon fidèle,
Dors, bercé dans ma main, patriote trésor !
Tu dois être bien las? sur toi le sang ruissèle,
Et du choc de cent coups ta lame vibre encor !

Aujourd'hui, ta vengeance est nourrie ; une proie
A roulé devant toi sur la place... est-ce pas ?
C'est bonheur de frapper un tyran ? et, de joie
Crier entre ses os, d'y clouer le trépas !

Dors, mon bon poignard, dors, vieux compagnon fidèle,
Dors ! bercé dans ma main, patriote trésor !
Tu dois être bien las ? sur toi le sang ruissèle,
Et du choc de cent coups ta lame vibre encor !

La mort d'un oppresseur, va, ne peut être un crime :
On m'enchaîna petit, grand j'ai rompu mes fers.
Le peuple a son réveil ; malheur à qui l'opprime !
Il mesure sa haine au joug, aux maux soufferts.

Dors, mon bon poignard, dors, vieux compagnon fidèle,
Dors, bercé dans ma main, patriote trésor !
Tu dois être bien las ! sur toi le sang ruissèle,
Et du choc de cent coups ta lame vibre encor !

Tiens ! vois-tu ce bonnet penché sur ma crinière ?
Dans le sang d'un espion trois fois je l'ai jeté :

Sa pourpre me sourit; qu'il soit notre bannière!
Qu'il soit le casque saint de notre Déité!

Dors, mon bon poignard, dors, vieux compagnon fidèle,
Dors, bercé dans ma main, patriote trésor!
Tu dois être bien las? sur toi le sang ruissèle,
Et du choc de cent coups ta lame vibre encor!

Suspendue à mon flanc, bien aimée estocade,
Toujours tu sonneras... je baise ton acier!
Et, d'opimes joyaux, même dans la décade,
Couverte tu seras comme un riche coursier.

Dors, mon bon poignard, dors, vieux compagnon fidèle,
Dors, bercé dans ma main, patriote trésor!
Tu dois être bien las? sur toi le sang ruissèle,
Et du choc de cent coups ta lame vibre encor!

A EUGÈNE BION,

STATUAIRE.

LE RENDEZ-VOUS.

Au luisant de la moucharde...
ANGOT.

... Enfin au cimetière,
Un soir d'automne, sombre et grisâtre, une bière
Fut apportée !...
Théophile GAUTIER.

Tu m'avais dit : Au soir fidèle
Quand reparaît le bûcheron ;
Quand, penché sur son escabelle,
Au sein de sa famille en rond,
Il partage dans sa misère,
Triste gain de sa peine amère,
Un peu de pain à ses enfants,
Qu'au loin l'ambition n'entraîne,
Et dont nul proscrit par la haine,
Ne manque à ses embrassements.

2.

Tu m'avais dit : Toi, que j'adore!
Tout bas avec ta douce voi

Du beffroi, quand l'airain sonore
Dans l'air bourdonnera sept fois;
Quand sous l'arc du jubé gothique,
Le curé d'une main rustique
Aura balancé l'encensoir;
Quand, sous la lampe vacillante,
Des vieilles la voix chevrottante
Tremblottera l'hymne du soir.

Tu m'avais dit : Viens à cette heure;
Longe le mur des templiers,
Longe encor la sombre demeure
Assise sous les peupliers;
Puis, glisse-toi dans la presqu'île
Qui penche sur le lac mobile,
Son front vert, battu des autans,
Vers ce saule, pâle fantôme,
Sortant du rocher comme un gnôme
Courbé sous de longs cheveux blancs.

Tu m'avais dit... Mais qui t'enchaîne?...
Fatal penser qui vient s'offrir!...
Enfer! si ta peine est ma peine,

Qu'en ce moment tu dois souffrir !
Pour chasser l'ennui de l'attente,
Pour endormir mon âme ardente.
Et pour recevoir tes attraits ;
Je fais de ces fleurs que tu cueilles,
Du martagon aux larges feuilles,
Un lit de repos sous ce dais.

Tu m'avais dit... le temps se passe,
En vain j'attends, tu ne viens pas ;
Et la lune sur ma cuirasse
Brille et pourrait guider tes pas ;
Peut-être un rival?... Infidelle ! —
Il dit : S'éloigne, vient, chancelle,
Faisant sonner ses éperons ;
Et de rage et d'impatience
Il fouille le sol de sa lance,
Et va, poignardant de vieux troncs.

Soudain, il voit une lumière
Qui vers le manoir passe et fuit ;
Un cercueil entre au cimetière,
Un blanc cercueil. — Eh ! qui le suit ?
Horreur ! eh ! n'est-ce pas ton père
Qui hurle ainsi, se traîne à terre?...
Je t'accusais !... tiens, à genoux :

Poignard-que mon sang damasquine
Frappe, déchire ma poitrine!...
Je te rejoins au rendez-vous!!!

A JEHAN DUSEIGNEUR,

STATUAIRE.

—

AU MÉDAILLON D'ISEULT.

L'amour chaste agrandit les âmes.
. Hugo.

Bronze charmant donnant d'amour la fièvre,
Verte émeraude où luit une beauté,
Un ange, Iseult, au regard attristé;
Oh! laissez-moi vous presser sur ma lèvre,
    Laissez-moi cette volupté!

Volupté chaste, et la seule où j'aspire;
Car de mon doigt je n'oserais toucher
Si belle enfant, peur de l'effaroucher;
Je la contemple, ivre de son empire,
    Comme un pèlerin un clocher.

Tant sa beauté sur mon âme est puissante,
Tant à son air mon cœur est épuré,

Tant pour ma bouche elle est vase sacré,
Tant je révère une fleur languissante
   Qui penche à son matin doré.

Jamais pistil n'eut plus belle corolle ! —
Livre ton âme à la sécurité ;
Pour le tombeau laisse ta piété ;
Console-toi, toi, dont l'aspect console,
   Assez longue est l'éternité.

Reste avec nous ! que ton exil s'achève
Sombre, mais pur, ange au ciel attendu !
Va, dans la foule, un ami t'est rendu,
Il te comprend, raconte-lui ton rêve ;
   Qu'il guide ton pas éperdu.

Plus avec toi de solitude fade,
Portrait divin ! car un portrait aimé,
C'est une amie au langage embaumé,
C'est pour mon cœur suave sérénade
   Que berce un vent tout parfumé.

Qui t'a parfait ? bijou, bronze fragile,
Et ce bonheur, qui me l'a fait ?... — c'est Jehan !
Ce bon ami, dont l'ébauchoir agile
Sait éveiller Abélard de l'argile,
Hugo, Calvin, Esmeralda, Roland,
   En dépit d'Homère et Virgile.

A GIULIO PICCINI,
MAESTRO.

—

DÉSESPOIR.

*Toujours un vent de feu sous son haleine active.
Prend plaisir à courber mon âme convulsive.
Insomnie, Théop. BONDEY.*

Comme une louve ayant fait chasse vaine,
Grinçant les dents, s'en va par le chemin ;
Je vais, hagard, tout chargé de ma peine,
Seul avec moi, nulle main dans ma main ;
Pas une voix qui me dise : A demain.

Pourtant bout en mon sein la sève de la vie ;
Femmes ! mon pauvre cœur est pourtant bien aimant,
J'ai vingt ans, je suis beau, je devrais faire envie,
J'aurais dû plaire au moins, moi, si courtois amant ;
Toutes m'ont repoussé... Fatal isolement !

Ce long tourment me ronge et me déchire,
M'abîme entier ! Que le sort m'est cruel !
Même aujourd'hui, riant de mon délire,
Pour retremper mon âme dans le fiel,
Il m'a fait voir un jeune ange du ciel.

Ah ! quel air ravissant, quelle voix langoureuse !
Sur ses pas gracieux j'aspirais le bonheur.
Je baisais son manteau d'une bouche amoureuse ;
Puis, ivre du parfum que jetait cette fleur,
Je sentais lentement s'épanouir mon cœur.

Que cet instant fut court ! hélas ! qu'horrible
Fut mon réveil ! je la cherchais en vain
De mon regard dévorant et terrible,
Elle avait fui... Rends-la moi, ciel d'airain !
Jette à mon cœur cette proie... il a faim !...

Mon dépit, ma fureur bouleversent mon âme ;
A mes désirs lascifs je voudrais tout plier :
Égaré par mes sens, j'irais... ah ! c'est infâme !
Arracher une femme au bras d'un cavalier,
J'arracherais !... mais, non, je ne puis m'oublier !

Désirs poignants, silence ! il faut vous taire.
De feux en vain je me sens embrasé,
Allons gémir sur mon lit solitaire ;

Baigné de pleurs mon corps est épuisé :
A ce combat tout mon cœur s'est brisé !

Ma jeunesse me pèse et devient importune !
Ah ! que n'ai-je du moins le calme d'un vieillard.
Qu'ai-je à faire ici-bas ?... traîner dans l'infortune ;
Lâche, rompons nos fers !... ou plus tôt ou plus tard.
— Mes pistolets sont là... déjouons le hasard ! ! !

FANTAISIE.

—

Çà trouillote !
INCONNU.

Surtout vive l'amour ! et bran pour les sergents.
RÉGNIER.

Oiseaux ! oiseaux que j'envie
Votre sort et votre vie !

Votre gentil gouvernail,
Votre infidèle pennage,
Découpé sur le nuage,
Votre bruyant éventail.

Oiseaux ! oiseaux ! que j'envie
Votre sort et votre vie !

Vos jeux, aux portes du ciel ;
Votre voix sans broderie,
Écho d'une autre patrie,
Où notre bouche est sans fiel.

Oiseaux ! oiseaux ! que j'envie
Votre sort et votre vie !

Sans besoin et sans arroi ;
Sans ambition qui ronge ;
Sans bastille où l'on vous plonge ;
Sans archevêque et sans roi !

Oiseaux ! oiseaux ! que j'envie
Votre sort et votre vie !

Sans nobles, sans conquérants ;
Sans juges à cœur aride ;
Sans famille qui vous bride ;
Et sans héritiers riants !

Oiseaux ! oiseaux ! que j'envie
Votre sort et votre vie !

Sans honteuse volupté ;
Sans conjugaux esclavages ;
Francs ! volontaires ! sauvages !
Vive votre liberté ! ! !

Oiseaux ! oiseaux ! que j'envie
Votre sort et votre vie !

Au cachot, à Écouy, près les Andelys, 1831.

A NAPOLÉON THOM,

PEINTRE.

LA CORSE.

C'est tout simplement un peintre, Monseigneur, qui
se nomme Romano, qui vit de larcins faits à la nature,
qui n'a d'autres armoiries que ses pinceaux...

SCHILLER, *Fiesque*, act. II

Le maestral soufflait : la voûte purpurine
Brillait de mille feux comme une aventurine ;
Sur le bord expirait le chant des gondoliers ;
Un silence de mort planait sur ces campagnes.
Parfois, on entendait bien loin, dans les montagnes,
  Les sifflements des bandouliers.

La mer était houleuse ; et la vague plaintive
Se berçait, et rampait, et saluait la rive,
Comme ces flots de rois, tous abreuvés de fiel,
Saluaient le soldat fils de ce roc sauvage.

— Un barde aurait pu dire au repos de la plage :
    Que la terre écoutait le ciel !

L'horizon s'appuyait sur l'immense muraille
De colline, de mont, de rocher, de rocaille,
Qui sur la Corse au loin s'étend comme un géant,
Depuis Bonifacio veillant sur la Sardaigne
Jusques à la Bastià qui dans la mer se baigne,
    Et lève aux cieux un front d'argent.

Tout dormait, se taisait : assis sur une pierre,
Auprès du seuil étroit de sa basse chaumière,
Un vigoureux chasseur, Viterbi le vieillard,
Homme doux dont le bras ne poignarda personne
Et dont la chevelure en blanchissant rayonne
    Sous son bonnet de montagnard.

Avant d'entrer au lit, en ce lieu solitaire,
Courbé sur son mousquet, les yeux fichés en terre,
Il aspirait du soir l'air pur vivifiant ;
Quand un éclair lointain jetait sa large flamme,
Comme un enfant à Dieu recommandant son âme,
    Il signait son front suppliant.

Tout à coup, il entend, se lève, écoute encore :
C'était un bruit de pas sur le chemin sonore.
—Qui vive ! garde à vous ! répondez ! — Un Français !

3.

Un ami ! — Malheureux ! si tard en cette gorge,
Sans armes ! l'étranger, veux-tu que l'on t'égorge ?
        Est-ce la mort que tu cherchais ? —

— Je suis un jeune peintre, et, sans inquiétude,
Je revenais du val où je fais une étude ;
Signor, je suis Français et non point étranger,
Je revenais sans peur ; la nuit rien ne m'arrête ;
Portant sous mon manteau pour tout bien ma palette,
        Mon escarcelle est sans danger ! —

— Sais-tu bien que le Corse a soif de la vengeance,
Et non pas soif de l'or ? Malheur à qui l'offense !
Si ta mort est jurée, il comptera tes pas ;
S'il le faut dans les bois, ainsi qu'une hyène,
Un mois il attendra que sa victime vienne
        Pour se ruer sur son trépas.

Puisque sans armes, seul, par cette route sombre
Tu marches, chante au moins, car peut-être dans l'ombre
Tu pourrais pour un autre être pris des brigands ;
Marche en chantant ces airs que mon âme aguerrie
A ton âge aimait tant, ces airs de ta patrie,
        Hymnes funèbres des tyrans ? —

Jeune, on ne saurait craindre, on rit de la prudence ;
Les avis d'un vieillard sont traités de démence :

Le cœur bouillant de vie est si peu soucieux !
Aussi ce jeune peintre, à ce que l'on raconte,
En souriait tout bas, n'en tenant aucun compte,
    Et s'éloigna silencieux.

Mais tout près d'Oletta sa peur est éveillée :
Il entend quelque bruit. C'est, dit-il, la feuillée.
Mais une lame a lui parmi les oliviers ?...
Suis-je enfant de trembler ! c'est un follet qui passe,
Et ce long frôlement, et ce bruit de voix basse,
    C'est le murmure des viviers. —

A peine replongé dans quelque rêverie,
Il tomba sous le plomb d'une mousqueterie.
A son cri déchirant répond un rire affreux ;
Puis un homme accouru l'achève avec furie. —
Enfer ! qu'ai-je donc fait ? je me trompe de vie !
    Ce n'est pas Viterbi le vieux ! —

La rage dans le cœur, il brise son épée,
Et disparaît soudain sous la roche escarpée...
Le passant matinal ne vit le lendemain,
Qu'un manteau teint de sang, des lambeaux de peinture,
Des ossements rongés, effroyable pâture !
    Un crâne épars sur le chemin.

A FRANCISQUE BOREL.

—

DOLÉANCE.

Mœrore conficior.
Rudiment.

Son joyeux, importun, d'un clavecin sonore,
  Parle, que me veux-tu ?
Viens-tu, dans mon grenier, pour insulter encore
  A ce cœur abattu ?
Son joyeux, ne viens plus ; verse à d'autres l'ivresse ;
  Leur vie est un festin
Que je n'ai point troublé ; tu troubles ma détresse,
  Mon râle clandestin !

Indiscret, d'où viens-tu ? Sans doute une main blanche,
  Un beau doigt prisonnier
Dans de riches joyaux a frappé sur ton anche
  D'ivoire et d'ébénier.

Accompagnerais-tu d'une enfant angélique
        La timide leçon ?
Si le rhythme est bien sombre et l'air mélancolique,
        Trahis-moi sa chanson.

Non : j'entends les pas sourds d'une foule ameutée,
        Dans un salon étroit ·
Elle vogue en tournant par la valse exaltée
        Ébranlant mur et toit.
Au dehors bruits confus, cris, chevaux qui hennissent,
        Fleurs, esclaves, flambeaux.
Le riche épand sa joie, et les pauvres gémissent,
        Honteux sous leurs lambeaux !

Autour de moi ce n'est que palais, joie immonde,
        Biens, somptueuses nuits,
Avenir, gloire, honneurs : au milieu de ce monde
        Pauvre et souffrant je suis,
Comme entouré des grands, du roi, du saint office,
        Sur le quémadero,
Tous en pompe assemblés pour humer un supplice,
        Un juif au brazero !

Car tout m'accable enfin ; néant, misère, envie
        Vont morcelant mes jours !
Mes amours brochaient d'or le crêpe de ma vie ;

Désormais plus d'amours.
Pauvre fille ! c'est moi qui t'avais entraînée
    Au sentier de douleur ;
Mais d'un poison plus fort avant qu'il t'ait fanée
    Tu tuas le malheur !

Eh ! moi, plus qu'un enfant, capon, flasque, gavache,
    De ce fer acéré
Je ne déchire pas avec ce bras trop lâche
    Mon poitrail ulcéré !
Je rumine mes maux : son ombre est poursuivie
    D'un geindre coutumier.
Qui donc me rend si veule et m'enchaîne à la vie ?...
    Pauvre Job au fumier !

A P***,

—

VICTOIRE.

> ... Votre amitié, madame !
> A moi votre amitié...
>   Alphonse Baor.

> Faites-moi revenir le cœur avec du vin ; faites-moi
> une couche de pommes, car je me pâme d'amour.
>   *La Bible.*

Allez-vous-en, monsieur, la nuit est avancée,
La lune à notre ciel s'est soudain éclipsée ;
Allez-vous-en, j'ai peur, le chemin est désert.
Pourquoi rester encor ? Pars, va-t-en, à quoi sert ?...
Oh ! ne m'accable plus de ce baiser frivole,
Où notre amour renaît, où l'amitié s'envole ;
J'y puise trop de feu ; tu manques à ton serment ;
Tu devais être ami, te voilà presque amant !
Pars, va-t-en, il est tard ! — Non, non, ce ne peut être,
Car mon être embrasé veut avoir un autre être ;
Car longtemps j'attendis ; ne dis plus à demain.

Tu me livres ton front, ton beau col et ta main,
Puis il faut que, le cœur plein d'ardeur et de joie,
Je caresse en enfant cette robe de soie :
Non, ce n'est plus assez, non, je voudrais ton corps,
Je le voudrais entier !... Vainement tu me mords.
Point de cris, point de pleurs. — Monstre ! — Belle maîtresse
Rien que des pleurs de joie et des râles d'ivresse !...

A GÉRARD,

POÈTE

———

ISOLEMENT.

> Les grand's forêts renouvelées,
> La solitude des vallées
> Closes d'effroy tout à l'entour!
>
> RONSARD.

Sous le soleil torride au beau pays créole,
Où l'Africain se courbe au bambou de l'Anglais,
Encontre l'ouragan, le palmier qui s'étiole
Aux bras d'une liane unit son bois épais.

En nos antiques bois, le gui, saint parasite,
Au giron d'une yeuse et s'assied et s'endort;
Mêlant sa fragile herbe, et subissant le sort
Du tronc religieux qui des autans l'abrite.

4

Gui ! liane ! palmier ! mon âme vous envie !
Mon cœur voudrait un lierre et s'enlacer à lui,
Pour passer mollement le gué de cette vie,
Je demande une femme, une amie, un appui !

— Un ange d'ici-bas ?... une fleur, une femme ?...
Barde, viens, et choisis dans ce folâtre essaim
Tournoyant au rondeau d'un preste clavecin. —
Non ; mon cœur veut un cœur qui comprenne son âme.

Ce n'est point au théâtre, aux fêtes, qu'est la fille
Qui pourrait sur ma vie épancher le bonheur :
C'est aux champs, vers le soir, groupée en sa mantille,
Un Verther à la main sous le saule pleureur.

Ce n'est point une brune aux cils noirs, l'air moresque ;
C'est un cygne indolent, une Ondine aux yeux bleus
Aussi grands qu'une amande, et mourants, soucieux ;
Ainsi qu'en réfléchit le rivage tudesque.

Quand viendra cette fée ?—en vain ma voix l'appélle !—
Apporter ses printemps à mon cœur isolé.
Pourtant jusqu'aux cyprès je lui serais fidèle !
Sur la plage toujours resterai-je esseulé ?

Sur mon toit le moineau dort avec sa compagne ;

Ma cavale au coursier a donné ses amours.
Seul, moi, dans cet esquif, que nul être accompagne,
Sur le torrent fougueux je vois passer mes jours.

A THÉOPHILE GAUTIER,

POÈTE

LA FILLE DU BARON.

Non! rendez-moi mon bachelet;
Mon humble cœur est son varlet!

Sèche tes pleurs, fille adorée.
Tu peux puiser dans mon trésor;
Veux-tu briller à la vesprée?
Prends tous ces velours et cet or.

Non! rendez-moi mon bachelet;
Mon humble cœur est son varlet!

Peux-tu préférer, ô ma fille!
Ce tant pauvret à d'Archambault,
Dont l'estoc près du trône brille,
Et qui même au roi parle haut.

Non ! rendez-moi mon bachelet ;
Mon humble cœur est son varlet !

Il a trois châteaux en Touraine,
Deux dans le Rhône se mirant.
Tu serais grande suzeraine,
Tu brillerais au premier rang.

Non ! rendez-moi mon bachelet ;
Mon humble cœur est son varlet !

On te rendra partout hommage,
Partout ! comme on le fait au roi,
Les vassaux baiseront la plage
Où passera ton palefroi.

Non ! rendez-moi mon bachelet ;
Mon humble cœur est son varlet !

Ainsi, tu brave honneurs, famille,
D'Archambault, mes vœux !... sans détour,
Écuyers ! qu'on traîne ma fille
Aux oubliettes de la tour !

Non ! rendez-moi mon bachelet ;
Mon humble cœur est son varlet !

A AUGUSTUS MAC-KEAT,

POÈTE.

—

LE REMPART.

> Car voilà, l'hyver est passé, la pluye est changée et
> s'en est allée. Lève-toy, ma grand'amie, ma belle, et
> t'en vien.
>
> *La Bible.*
>
> I placevoli abbracciari.
>
> Boccacio.

Donnez-moi votre main, asseyons-nous, ma belle,
Sur ces palis rompus ; tiens, vois la citadelle
Au milieu des ravins ainsi qu'un bloc géant ;
De l'antique Babel on dirait une marche,
Où, captive aux sommets des montagnes, une arche
Fatiguant de son poids l'univers océan.

Des qui vive ! lointains, des cliquetis, écoute,
Entends-tu ces clameurs du fort à la redoute ?

Là, des casques mouvants, des forêts de mousquets,
La herse qui gémit, le bruit des huisseries :
On dirait le donjon semé de pierreries,
A ces feux plus nombreux qu'en de royaux banquets.

Tu vois, je t'obéis : de mon indifférence
Es-tu contente assez? Pour moi, quelle souffrance!
Être seul avec toi sans t'accabler d'amours!
Non, non, ça ne se peut, tu m'apparais trop belle,
Adieu tous mes serments; l'amitié fraternelle
N'est point faite pour nous : va, je brûle toujours!

Oh! que tu es enfant! Respecter des sottises
Et de fats préjugés; te courber aux bêtises
D'un monde qui nous hait, et qui fuit des vertus
Dont rougirait ton Dieu! Crois-tu de la nature
La voix folle et trompeuse? Oh! cesse ma torture,
Si tu ne veux régner sur des murs abattus.

Or cet amour auquel tu te montres revêche,
En toi tout le décèle et tout en toi le prêche;
Le galbe de ton sein, ton regard souriant,
Ton pas vite et léger, ou ta molle paresse,
Ton organe suave et ta main qui caresse...
Tout force à raffolir le plus insouciant.

Avant nous, des amants, qui, sur l'herbe discrète,
Ont passé plus heureux, sais-tu le nom ? coquette !
Qui leur dira le tien ? ce lieu ne trahit pas !
Tu pleures maintenant : oh ! délirante ivresse !
Que ton silence est doux à mon cœur qui s'oppresse ;
J'étouffe de plaisir dans l'anneau de tes bras !

Toi, qui fus si longtemps écho de mon supplice,
Nuit ! prolonge pour moi cette nuit, ce délice.
Que nos tourments sont longs, que nos bonheurs sont courts !
Oui ! je la bénirais, j'embrasserais la bombe
Qui viendrait nous tuer et creuser notre tombe.
Mais la mort est pour moi sans glaive et sans secours !

A VIGNERON.

—

RÊVERIES.

Tout meurt.
GÉRARD.
Le monde est un pipeur..
Imitation de J.-C., traduction en vers de P. CORNEILLE.

La mort sert de morale aux fables de la vie.
La vie est un champ clos de milliaires semé,
Où souvent le champion se brise tout armé
A l'unième... Or, voilà le destin que j'envie!
Le monde est une mer où l'humble caboteur,
Pauvre, va se traînant du cirque au promontoire;
Où le hardi forban croise sous l'équateur,
Gorgé du sang du faible, et d'or expiatoire. —
Mort, suprême bourreau!... non, plutôt vide, rien,
Basse fosse où tout va... mort sourde au cri du lâche!
Tous les êtres sont pairs devant ta juste hache,
          L'homme et le chien!

Tous, oui! tous, du grand œuvre, œuvre faible et pâture :
Du détriment jaillit la reproduction,
Qui si tôt s'achemine à la destruction. —
Naître, souffrir, mourir, c'est tout dans la nature
Ce que l'homme perçoit; car elle est un bouquin
Qu'on ne peut déchiffrer ; un manuscrit arabe
Aux mains d'un muletier : hors le titre et la fin,
Il n'interprète rien, rien, pas une syllabe. —
On dit l'homme, ici-bas, pélerin aspirant :
Soit! mais quelle est sa Mecque ou bien son Compostelle?
Les cieux!... auberge ouverte à son âme immortelle...
          Non ! le néant !

Autour de moi voyez la foule sourcilleuse
S'ameuter, du néant sont haut cœur est marri. —
Dites de ce vieux chêne où va le tronc pourri? —
Poudre grossir la glèbe. — Et vous, souche orgueilleuse!
Un ogre appelé Dieu vous garde un autre sort!
Moins de prétentions, allons, race servile,
Peut-être avant longtemps, votre tête de mort
Servira de jouet aux enfants par la ville!...
Peu vous importe, au fait, votre vil ossement;
Qu'on le traîne au bourbier, qu'on le frappe et l'écorne...
Il renaîtra tout neuf, quand sonnera la corne
          Du jugement !

A D. KRAPPT.

—

L'AVENTURIER.

Ne puis-je donc aller fumer où il me plaira le
cigare de mon existence?

AUTEUR CONNU.

Ce désert étouffant est donc infranchissable?...
Voilà bientôt deux nuits que j'ai quitté les bords ;
De l'aube à l'Occident je marche, et n'en suis hors.
Mes deux pieds lourdement s'enfoncent dans le sable,
Et mon bambou se rompt sous le poids de mon corps.

Harassé, je m'assieds, mourant et solitaire,
Ainsi qu'une ombre errante aux débris d'un château.
Rien! pas un seul carbet sur ce vaste plateau.
D'un stupide regard je mesure la terre,
Qui se déploie au loin comme un large manteau.

Rien, que ma soif et moi : quel horrible silence !
Je n'entends que mon râle et le bruit de mon cœur.
Je penche, je faiblis courbé par la douleur.
Dieu ! que l'homme est piteux en un désert immense !
Dieu ! que l'homme est débile au souffle du malheur !

Blasphème, aventurier, pleure, et te désespère,
Au réveil trop cruel d'un trop court songe d'or...
Mon sort est mérité, peut être pire encor ;
Dans la tombe en partant j'ai poussé mon vieux père :
Je voulais l'opulence, et j'embrasse la mort.

A ANDRÉ BOREL.

—

HYMNE AU SOLEIL.

Pauvre bougre !
Jules Janin.

Là dans ce sentier creux, promenoir solitaire
  De mon clandestin mal,
Je viens tout souffreteux, et je me couche à terre
  Comme un brute animal.
Je viens couver ma faim, la tête sur la pierre,
  Appeler le sommeil,
Pour étancher un peu ma brûlante paupière ;
  Je viens user mon écot de soleil !

Là-bas dans la cité, l'avarice sordide
  Des chefs sur tout champart :
Au mouton-peuple on vend le soleil et le vide ;
  J'ai payé, j'ai ma part !

5

Mais sur tous, tous égaux devant toi, soleil juste,
　　　Tu verses tes rayons,
Qui ne sont pas plus doux au front d'un sire auguste,
　　　Qu'au sale front d'une gueuse en haillons.

A PHILADELPHE O'NEDDY,

POÈTE.

—

HEUR EST MALHEUR.

> L'un se fait comte au bas d'un madrigal ;
> Celui-ci, marquis dans un almanach.
>
> MERCIER.

J'ai caressé la mort, riant au suicide,
Souvent et volontiers quand j'étais plus heureux ;
De ma joie ennuyé je la trouvais aride,
J'étais las d'un beau ciel et d'un lit amoureux.
Le bonheur est pesant, il assoupit notre âme.
Il étreint notre cœur d'un cercle étroit de fer ;
Du bateau de la vie il amortit la rame ;
Il pose son pied lourd sur la flamme d'enfer,
Auréole, brûlante sur le front du poëte,
Comme au pignon d'un temple un flambeau consacré ;
Car du cerveau du barde, arabe cassolette,

Il s'élève un parfum dont l'homme est enivré. —
C'est un oiseau, le barde ! il doit rester sauvage :
La nuit, sous la ramure, il gazouille son chant :
Le canard tout boueux se pavane au rivage,
Saluant tout soleil ou levant ou couchant. —
C'est un oiseau, le barde ! il doit vieillir austère,
Sobre, pauvre, ignoré, farouche, soucieux,
Ne chanter pour aucun, et n'avoir rien sur terre
Qu'une cape trouée, un poignard et les cieux ! —
Mais le barde aujourd'hui, c'est une voix de femme,
Un habit bien collant, un minois relavé,
Un perroquet juché chantonnant pour madame,
Dans une cage d'or un canari privé ;
C'est un gras merveilleux versant de chaudes larmes
Sur des maux obligés après un long repas ;
Portant un parapluie, et jurant par ses armes ;
L'électuaire en main invoquant le trépas,
Joyaux, bals, fleurs, cheval, château, fine maîtresse,
Sont les matériaux de ses poëmes lourds :
Rien pour la pauvreté, rien pour l'humble en détresse ;
Toujours les souffletant de ses vers de velours.
Par merci ! voilez-nous vos airs autocratiques ;
Heureux si vous cueillez les biens à pleins sillons !
Mais ne galonnez pas, comme vos domestiques,
Vos vers qui font rougir nos fronts ceints de haillons.
Eh ! vous de ces soleils, moutonnier parélie !

De cacher vos lambeaux ne prenez tant de soins :
Ce n'est qu'à leur abri que l'esprit se délie ;
Le barde ne grandit qu'enivré de besoins !

J'ai caressé la mort, riant au suicide,
Souvent et volontiers, quand j'étais plus heureux ;
Maintenant je la hais, et d'elle suis peureux,
Misérable et miné par la faim homicide.

5.

ODELETTE.

—

Oh ! que n'ai-je vécu dans le beau moyen âge,
Age heureux du poëte, âge du troubadour !
    Quand tout ployait sous l'esclavage,
    Lui seul n'avait que le servage
    De sa lyre et de son amour.

Donc, sous son mantelet emportait sa richesse,
Sa lyre qui vibrait pour l'hospitalité ;
    Et son estramaçon sans cesse
    Demi-tiré pour sa maîtresse,
    Brandissant pour sa liberté !

A ALPHONSE BROT,

POÉTE.

MA CROISÉE.

> J'écoutai longtemps, et je me persuadai bientôt
> que cette harmonie était moi...
>
> BUFFON.

Oh ! que j'aime à rêver, seul, amoureusement,
A ma large croisée au vent du soir béante !
Libre de tous soucis, dans le vague flottante,
Mon âme alors s'entr'ouvre au plus doux sentiment.
Sous les doigts aimantins de ce muet délire,
Ma nature s'émeut, vibre comme un lyre !

Là, penché dans les fleurs d'un large abricotier,
Dont les rameaux épais attouchent les murailles,
De l'astre, roi du jour, j'assiste aux funérailles
Que célèbre au lointain la cloche d'un moutier,

Poursuivant du regard le corbeau, le phalène,
Ou le mulet pesant attardé dans la plaine.

Mais surtout nul pinceau ne rendrait mon transport,
Quand, parmi les rameaux, quelque sylphide blanche
M'apparaît, m'éblouit! semblant de branche en branche
Glisser comme un oiseau; quand sa voix, doux accord,
Hautbois harmonieux qui lutine et qui joue,
Monte comme un parfum et caresse ma joue!

En extase, enivré, je n'ai plus rien d'humain.
Sur mon corps allégi mon âme se déborde,
Goutte à goutte en rosée; et, semblable à la corde
D'un théorbe d'argent palpitant sous la main
D'un ange prosterné... sous mes pieds fuit la terre:
Je ne suis plus qu'un son! un reflet! un mystère!...

Peut-être vous riez tout bas de ce pouvoir
Si magique et puissant d'une voix sur mon âme?
Le simple frôlement d'une robe de femme
Qui se hâte à la nuit, suffit pour m'émouvoir.
Une main à bijoux, une gorge où ruissellent
Des perles, des joyaux, me charment, m'ensorcellent!

Ah! s'il était un cœur ignorant et naïf
Qui n'ait pas ressenti ces philtres, ces ivresses?

Qui, n'étant pas blasé par le vin, les maîtresses,
Trouve au soleil couchant, un plaisir assez vif...
Qu'il vienne ; je l'attends demain : à ma croisée
Bientôt il sentira sa jeune âme embrasée.

SUR LE REFUS DU TABLEAU

LA MORT DE BAILLI, PAR LE JURY.

E dolce il pianto più ch'altri non crede.
PETRARCA.

Laisse-moi, Boulanger, dans ta douleur profonde
Descendre tout entier par ses noirs soupiraux;
Laisse immiscer ma rage à ta plainte qui gronde;
Laisse pilorier tes iniques bourreaux;
Laisse-moi sur leur front clouer l'ignominie,
Les traîner sur la claie au banc du carrefour,
Tribunal plébéien, d'où la fourbe est bannie,
Où l'on jette pourvoi des arrêtés de cour !
Car il est temps enfin qu'au soleil on flétrisse
Ces courtisans flairant au cul de tout pouvoir,
Ces ouvriers déchus, à la figure actrice,
Que la haine et les sous peuvent seuls émouvoir !
Détriments de l'Empire, étreignant notre époque,

Qui triture du pied leurs cœurs étroits et secs ;
Détriments du passé que le siècle révoque,
Fabricateurs à plats de Romains et de Grecs ;
Lauréats, à deux mains, retenant leur couronne,
Qui, caduque, déchoit de leur front conspué ;
Gauchement ameutés, et grinçant sur leur trône
Contre un âge puissant qui sur eux a rué.
Comme un ours montagnard qui sur les rocs se traîne,
Saigneux, frappé de mort, ils voudraient dévorer,
Étouffer sous leurs bras, et broyer sur l'arène,
Tout ce qui gît debout avant que d'expirer.

Voilà donc ce qu'étaient tes jugeurs ! Le prétoire,
A l'aspect du tableau par la peur assailli,
Qui se plaignit pourquoi la désolante histoire
Fait le peuple si laid et si beau le Bailli :
Prétexte captieux et couvrant une trame.
Depuis quand, pour la plèbe, êtes-vous si courtois,
A propos Jacobins, chiens de palais dans l'âme,
Léchant la populace ?... O vous êtes matois !...
Alors, en ricanant, ils ont dit anathème
Sur ton hardi labeur ; puis chassé du salon
Cette page d'espoir, ce taciturne thème
De ton pinceau si vrai qu'ils appellent félon.
Quoi ! le Christ est chassé par les vendeurs du Temple !

Horreur !... le jour vengeur, pour nous, bientôt poindra.
Leur tombe est entr'ouverte et la porte en est ample,
Et leur œuvre avec eux au néant descendra !...

Août 1831.

A JULES VABRE,

ARCHITECTE.

—

De bonne foi, Jules Vabre,
Compagnon miraculeux,
Aux regards méticuleux
Des bourgeois à menton glabre,
Devons-nous sembler follet
Dans ce monde où tout se range!
Devons-nous sembler étrange,
Nous, faisant ce qu'il nous plaît!

Dans Paris, ville accroupie,
Passant comme un brin sur l'eau,
Comme un vagabond ruisseau
Dans une mare croupie.
Bohémiens, sans toits, sans bancs,
Sans existence engaînée,
Menant vie abandonnée,

Ainsi que des moineaux francs
Au chef d'une cheminée !

Chats de coulisse, endêvés !
Devant la salle ébahie
Traversant, rideaux levés,
Le théâtre de la vie.

A JEAN BOREL.

AGARITE.

AGARITE, seule, assise près d'une table.

Non, non, rien n'est juré, non, non, c'est impossible !
Raisons, pleurs, tout est vain ; je me fais insensible ;
Il s'agit de mon sort, de mon bel avenir :
C'est ma vie, après tout, qu'on voudrait me ternir.
On veut forcer mon cœur, commander à mon âme ;
Mais je suis libre encore, et je puis... je suis femme !...
J'ai pu me laisser prendre et céder à ce vœu :
J'abjure tout enfin, j'en fais le désaveu ;
Tout ce que j'ai promis aux genoux de ma mère,
Je l'ai tout oublié : la tâche est trop amère !
J'irais jeune, amoureuse, au bras d'un vieil époux
M'ensevelir vivante, allons, y pensez-vous !
Oh ! je m'étiolerais à l'air de cette couche,

Sous des baisers tremblants avortant à ma bouche.

(Se levant agitée.)

Qu'ai-je dit?... Taisez-vous, parricides fureurs !
Mon bon père, pardon... j'oubliais que tu meurs.
Si... mon sort, au contraire, est bien digne d'envie,
Car je puis acquitter la dette de ma vie.
Si je heurte la main de ce vieillard cruel,
Tu marche à l'échafaud ! Qu'on m'entraîne à l'autel !
Qu'on m'apporte des fleurs, ma robe nuptiale,
Et je crierai bien haut la syllabe fatale !
On le veut ; je le fais ; je n'aurai nul remord.

(Avec dépit.)

Ses cheveux sont tout blancs, ils exhalent la mort.
Sans doute peu de temps je souffrirai ce maître ;
Ah ! quel hymen heureux, épouser son ancêtre !

(S'asseyant près d'un clavecin.)

Neuf heures. Adrien, ne dois-tu pas venir ?
Tu devrais être ici : qui peut te retenir ?
Tu fais bien, ralentis tes pas, ami fidèle !
Marche bien doucement : aux genoux de ta belle
Que le sort te ravit assez tôt tu seras ;
Tous ses maux et les tiens assez tôt tu sauras.
Ne viens pas dans mon sein pour t'abreuver de peines,
Je ne suis plus à toi : va chercher d'autres chaînes !
Dieu ! je frissonne, hélas ! à ce sombre penser.
Rêves de mon printemps, revenez me bercer,

Oui ! trompez-moi toujours ; à mon cœur qui s'oppresse
Souriez un moment, au moins une caresse.
Mon sang brûle, et l'attente encor peut l'enflammer.
Viens, ô mon Adrien ! toi seul peut me calmer ;
Viens, arrachons la fleur qui reste à la couronne
De ma vie ! Adrien, le repos m'abandonne ;
Étouffons ces douleurs qui gonflent en mon sein..,
Comme tremblent mes doigts sur ce vieux clavecin.
Comme est lourde ma voix, quelle monotonie !
Qu'importe ! à mon secours viens, si douce harmonie !
Que pour un cœur navré la musique a d'appas !...

(La porte est agitée.)

Qui fait trembler la porte?... Est-ce lui? c'est son pas.

(Elle ouvre doucement.)

Qui va là ? Répondez...

ADRIEN gaîment.

C'est Adrien, je pense.

AGARITE.

Que faites-vous dehors, dans l'ombre et le silence ?

ADRIEN entrant.

Aux pieds de ce donjon, ainsi qu'un troubadour,
Enchanté, j'écoutais roucouler mon amour.
Si tu savais combien sur ma diablesse d'âme.

6.

A d'attraits, de pouvoir, la douce voix de femme,
Tu ne m'avais jamais chanté cette chanson.
Oh ! tu me l'apprendras !

(*Il l'embrasse cavalièrement.*)

AGARITE *souriant.*

Finissez, polisson.

ADRIEN.

Eh ! le mot est grivois, mais j'aime à la folie
Entendre des gros mots d'une bouche jolie !

(*Il s'assied sur ses genoux.*)

AGARITE.

Bien, ne vous gênez pas ; allons, sur mes genoux !
Le verrou n'est pas mis : que dirait-on de nous ?

ADRIEN.

Nous pourrions bien, ma foi ! semer la jalousie :
Je m'en moque à plaisir, c'est notre fantaisie !
Mais quel air sérieux, tes yeux roulent des pleurs !
Qu'as-tu donc, mon amour ? oh ! dis-moi tes douleurs !
Tu ne me réponds pas, dans ma main ta main tremble,
Tu ne me réponds pas, nous sommes seuls ensemble ;
Je suis à tes genoux... ai-je pu te blesser ?
Dans le sein d'un ami tu ne veux rien verser ?

AGARITE.

D'un ami !... Désormais, je ne suis plus la tienne,
Il faut que désormais à d'autres j'appartienne...

ADRIEN *interrompant*.

Par l'enfer ! à qui donc ?
                    (*Portant la main à son épée.*)
                              J'ai là mon estocade,
Qui pourra bien couper la fièvre à ce malade !
Nomme-moi donc ce fat; sans attendre plus tard,
Que j'aille...

AGARITE *gravement*.

              Ah ! calmez-vous, pitié, c'est un vieillard !
Tu le sais, Adrien, mon vieux père sans tache,
Homme preux et féal, pour esquiver la hache
D'un fourbe cardinal, tenant dans son manteau
La France emmaillotée, et pour crosse un couteau,
Cette France qui rit au roi comme au satrape,
Qui lèche comme un chien le bourreau qui la frappe ;
Tu sais que de son sang, pour sevrer Richelieu,
Mon père enfin s'enfuit à Turin, en ce lieu,
Qu'il crut hospitalier, demandant un asile
Bien obscur, ignoré, pour achever tranquille
Quelques jours lui restant. Mais qu'on se peut tromper !
Or, Richelieu, voyant sa victime échapper,

A grands cris, altéré, redemande sa tête,
Que son boucher comptait et qui manque à la fête;
Et le vieil Orlando, de Turin gouverneur,
Enamouré de moi,—hélas! pourquoi? d'honneur!
Je n'en sais rien, mais un refus l'irrite, —
Dit à mon père hier : Je demande Agarite;
Richelieu veut ton sang, ta vie est en ma main :
Choisis, lequel veux-tu donner? choisis... — L'hymen!
M'écriai-je, tombant à ses genoux mourante;
Oui, pour sauver ses jours j'en épouserais trente,
Haïs autant que vous, mais pas plus exécrés.
Quoi! ce n'est qu'à ce prix que ses jours sont sacrés,
Eh bien! je suis à vous, emmenez votre femme! —
Tu m'en fais le serment? – Par mon père et mon âme!—
Il est sauvé, ton père, il a protection ;
Richelieu hurle en vain, point d'extradition! —
Puis, voilà son anneau, car je suis fiancée.
Maintenant j'ai tout dit, sans arrière-pensée.
M'épanchant dans ton sein, j'ai mis mon cœur à jour.
Si je fais tout cela, c'est filial amour,
Et souffre autant que toi. Connaissant de ton âme
La force et la beauté, je n'attendais nul blâme.
N'est-ce pas, mon ami, que tu m'aurais dicté
Ce que j'ai fait sans toi?... Viens donc à mon côté.
Pourquoi cet œil jaloux, muet?... mon sacrifice
Est-il moins que le tien? crois-tu que mon supplice

Puisse être plus affreux? qu'il soit plus sombre deuil?
Songe à tous les tourments qui m'attendent au seuil !
Tu restes libre, toi, sans gages, sans promesses.
Relevé de tes vœux, aux bras d'autres maîtresses,
Tu pourras m'oublier...

(*Adrien frappe du pied de colère et se
promène à grands pas.*)

Pardon, je t'offensais,
Mais le temps éteint tout, et l'amour, tu le sais !...
Venez donc me parler : tu m'effraie à te voir
Marcher et t'agiter ; viens près de moi t'asseoir,
Adrien, que je redise encore à toi-même,
A ta bouche, combien tu m'es cher, que je t'aime !
Adrien, le temps fuit, nous n'avons qu'un moment ;
Viens, faisons nos adieux : qu'on long embrassement,
Ami, scelle la foi qu'à jamais je te jure !
Oui, quand aura la mort réclamé sa pâture,
Que libre je serai de ce honteux époux,
Vous reprendrez vos droits, je serai toute à vous ;
Si toutefois encor vous avez souvenance ?

ADRIEN *avec une rage concentrée.*

Traîtresse !...

AGARITE.

A cette porte on heurte ; là, silence.

ADRIEN.

Quel butor, à cette heure ?

AGARITE.

O coup malencontreux,
Fuis, fuis, ou cache-toi : ce doit être le vieux !

ADRIEN.

Ha ! ha ! ton vieux barbon : faisons une risée !

ORLANDO *au dehors.*

Ouvrez !

AGARITE.

C'est Orlando, c'est lui ! par la croisée
Fuis, Adrien.

ADRIEN.

C'est lui ? Grands dieux ! qu'il vient à point !
(Tirant son épée.)
Qu'il entre, ton époux : il ne sortira point !
*(Il pose la main sur le verrou. Agarite lui
retient le bras.)*

AGARITE *à voix basse.*

Arrêtez, Adrien, vous vendez votre amie,
Vous immolez mon père et m'arrachez la vie !

ORLANDO *toujours à la porte.*

Agarite, ouvrez donc!

ADRIEN *agitant son épée.*

Qu'il meure!

AGARITE.

Oh! grâce! grâce!
Arrête, ô mon amant, par tes pieds que j'embrasse,
Je t'aime!...

(*Elle lui arrache l'épée de la main.*)

Ah! je la tiens...

(*La brisant sur le mur.*)

Frappe-le maintenant.

ORLANDO *heurtant avec rage.*

Ouvrez, vingt noms de Dieu!...

AGARITE *entraînant Adrien au balcon.*

Monstre, va-t'en, va-t'en,
Tu me perds!

AGARITE *ouvrant et voulant cacher son désordre.*

Monseigneur, je suis votre servante.

ORLANDO *entre et brise l'écrin qu'il portait.*

Vous êtes sourde?

AGARITE *avec candeur.*

Non, non, je priais.

ORLANDO.

Fervente

La prière ! On prononçait...

AGARITE.

Quoi?

ORLANDO.

Mon nom !

AGARITE *d'un air mignard.*

Jaloux,

Je vous nommais à Dieu, car je priais pour vous.

VILLANELLES

Don Aléjo sourit méchamment sous sa cape.

AUGUSTUS MAC-KEAT.

7

—

LE VIEUX MÉNÉTRÍER BRETON.

Venez, Bretons, venez sous ces érables,
Venez danser au son de nos bignous ;
Venez sourire à mes chansons aimables :
Dans mon printemps j'ai dansé comme vous ;
Mais je faiblis et penche vers la tombe,
Demain, hélas ! mes doigts seront glacés !...
Venez apprendre, avant que je succombe,
Les vieux refrains dont je vous ai bercés.

Souvenez-vous, enfants de l'Armorique,
Que la Bretagne est le champ du repos ;
Souvenez-vous que, de son sol magique,
La Gaule a vu jaillir mille héros.
La liberté, qui chérit ce rivage,
De ses rameaux couvre vos jeunes ans.

Des Duguesclin gardez bien l'héritage,
Car cette terre est vierge de tyrans !

Sur le sommet de ce roc granitique,
Gisent, épars, des autels, des dolmeins.
Dans ces forêts, le barde druidique,
A vos aïeux dévoilait leurs destins !
Farouches mœurs ! peuple tout germanique,
Qu'ici César reconnaîtrait encor,
Votre langage est ce même celtique
Qu'à ses guerriers parlait l'Enfant du Nord !

Mais le jour fuit, et les ombres grandissent,
Et la vapeur enveloppe nos toits ;
Fuyons ces lieux que les esprits chérissent ;
Aux noirs sorciers la nuit rend tous leurs droits.
Fuyons ! je vois au loin, sur les montagnes,
Les nains danser à l'entour des peulvans ;
Et les huars hurlent en ces campagnes.
Fuyons, Bretons, il en est encor temps !

ORIGINE D'UNE COMTESSE.

—

Dieu! Manon, comment es-tu faite?
Ton mouchoir est tout déprimé,
Et sur le dos de ta jaquette
Le vert gazon est imprimé.
De cueillir au bois l'aveline,
Venir à minuit?... Vous mentez!
Sortez d'ici, sortez, coquine!
Ah! je vois que vous en goûtez! ·

Mais votre regard est humide,
Mais qui peut ainsi vous blémir?
A dix-sept ans le front livide!
Manon, vous me faites frémir.

7.

A trente ans, moi, j'étais novice ;
A trente ans !... Vous en plaisantez?
C'en est fait, vo aimez le vice.
Ah ! je vois que vous en goûtez !

Alors, en action, son père
Mit sa morale, et la rossait :
Quel affront! Azaïs, j'espère,
Nous dira ce qu'il compensait.
Nouvelle Inchbald, dans l'indigence,
Elle s'enfuit vers nos cités ;
Que Dieu protége l'innocence !
Ah ! je vois que vous en goûtez !

A peine arrivée à la ville,
Un évêque la remarqua ;
Puis, se blasant de l'Évangile,
Pour les drapeaux elle abdiqua.
Tout à tour pucelle, adultère,
Qu'elle enivra de dignités
De son gros amour sans mystère !
Ah ! je vois que vous en goûtez !

Enfin, elle a blason, richesse ;
L'Église nourrit son budget ;
Un vieux seigneur, dans son ivresse,

Lui promit un carnavalet ;
Aujourd'hui, comtesse, on l'admire,
Elle a part aux indemnités ;
Au roi même elle pourrait dire :
Ah ! je vois que vous en goûtez !

LA SOIF DES AMOURS.

—

Héléna; Je vous suis tout rendu.
AUGUSTUS MAC KEAT,

Viens, accours, fille jolie !
Viens, que j'oublie en ton sein
  Le chagrin,
Qui, partout, dans cette vie,
Suit le pauvre pèlerin;

Qu'un autre envieux de la gloire
Dans le tracas coule ses jours ;
  Moi, toujours,
Riant de ce mot illusoire,
Je n'ai que la soif des amours !

Viens, accours, fille jolie !
Viens, que j'oublie en ton sein,
  Le chagrin,

Qui, partout, dans cette vie,
Suit le pauvre pèlerin.

Qu'un buveur, la tasse remplie,
Aux coteaux consacre ses jours ;
       Moi, toujours,
Sans goût savourant l'ambroisie,
Je n'ai que la soif des amours !

Viens, accours, fille jolie !
Viens, que j'oublie en ton sein
       Le chagrin,
Qui, partout, dans cette vie,
Suit le pauvre pèlerin.

Qu'un ladre accumulant sans cesse,
Sur ses trésors traîne ses jours ;
       Moi, toujours,
Méprisant honneurs et richesse,
Je n'ai que la soif des amours !

Viens, accours, fille jolie !
Viens, que j'oublie en ton sein
       Le chagrin,
Qui, partout, dans cette vie,
Suit le pauvre pèlerin.

Qu'un Anglais trace sur la tombe
Des vers sombres comme ses jours ;
    Moi, toujours,
Sur des fleurs ma lyre retombe,
Je n'ai que la soif des amours !

Viens, accours, fille jolie !
Viens, que j'oublie en ton sein
    Le chagrin,
Qui, partout, dans cette vie,
Suit le pauvre pèlerin.

Le temps éteindra sous ses ailes
Les feux ardents de mes beaux jours ;
    Moi, toujours,
Je serai galant près des belles,
Je n'ai que la soif des amours !

Viens, accours, fille jolie !
Viens que j'oublie en ton sein
    Le chagrin,
Qui, partout, dans cette vie,
Suit le pauvre pèlerin.

L'INCENDIE DU BAZAR.

—

J'habite la montagne et j'aime à la vallée.

Le vicomte D'ARLINCOURT.

O toi, dont j'avais fait l'emplette
Pour danse au bois neige-noisette!
L'as-tu toujours, ma Jeanneton,
  Ton jupon blanc, ton blanc jupon?

Pour quelque muscadin, matière à comédie,
Ne va pas m'oublier dans ce coquet bazar,
Où tu trône au comptoir. — Colombine hardie!
Perçant l'horizon gris d'un œil au vif regard,
Flamboyant vois mon cœur, d'amour vois l'incendie!
Et si tu l'as encore, écris-moi, Jeanneton,
  Ton jupon blanc, ton blanc jupon.

Au feu! au feu! au feu! la Vierge à perdre haleine
Court... le bazar rissole! au feu! au feu! au feu!

N'est-ce pas Margoton, Cathin ou Madeleine?... —
Non, c'est la demoiselle au gendarme Mathieu.
— Fleur d'un jour, du ciel noir à la lueur soudaine,
Fuis!... et si tu l'emporte, écris-moi, Jeanneton,
        Ton jupon blanc, ton blanc jupon?

Plus que feu, grand mangeur, crains l'ardeur déréglée
Du bourgeois camisard, du rustre porteur d'eau,
Du beau sapeur-pompier, à coiffe ciselée,
Gare au rapt : une fille est un léger fardeau.
A Blois, vers ton Titi, clerc à l'âme isolée,
Vole!... et si tu l'emporte, écris-moi, Jeanneton,
        Ton jupon blanc, ton blanc jupon.

        O toi ! dont j'avais fait l'emplette
        Pour danse au bois neige-noisette!
        L'as-tu sauvé, ma Jeanneton,
        Ton jupon blanc, ton blanc jupon?

PATRIOTES

On fit la guerre à la noblesse, amie coupable des Bourbons,
Pour aplanir le chemin du trône à d'Orléans; on voit à chaque
pas les efforts de ce parti pour ruiner la Cour, son ennemie, et
conserver la royauté; mais la perte de l'une entraînait l'autre.
Aucune royauté ne peut se passer de patriciat.

Convention nationale. SAINT-JUST.

Nous ne recevrons plus de coups de pied dans le cul.

Le Père Duchesne.

8

NUIT DU 28 AU 29.

GRANDE SEMAINE.

—

Qu'est-ce? un roi qui s'éteint, un empire qui tombe?
Un poids plus ou moins lourd qu'on jette dans la tombe...
GÉRARD.

Les grands ne nous semblent grands
que parce que nous sommes à genoux,
Eugène SCRIBE.

I

Lune, témoin de tant de gloire,
As-tu marqué dans ta mémoire
Jamais une plus sainte nuit ?
Sur âmes plus silencieuses,
Sur cités plus majestueuses,
Jamais ton regard a-t-il lui !

Non jamais, Sagonte nouvelle,
Paris n'eut angoisse plus belle ;

Paris n'eut citoyens plus beaux,
Tous agissants comme des ombres,
Muets, dans de sanglants décombres,
Sanglants, fossoyant des tombeaux.

Pas une lueur, pas un cierge,
Plus sombre qu'une forêt vierge
Paris est un affreux chaos,
Où, lorsqu'un de tes rayons glisse,
Il éclaire un mur, une lice,
Rouges du sang de ses héros ;

Ou caresse un cadavre hâve,
Au crâne entrouvert, à l'œil cave,
Broyé sous un flot de pavés,
Nu ; les dépouilles des infâmes
Sont promenés en oriflammes
Au haut des sabres abreuvés.

Puis, parfois, ce profond silence,
Heurté, rompu par une lance,
Des haches, des poignards croisés,
Par le cri de la sentinelle,
Ou par la fuite d'un rebelle
A travers les casques brisés.

Puis, parfois, de l'artillerie
La foudre; la mousqueterie,
Les longs hourras du fantassin ;
Cris de mort, blasphèmes, alarmes,
Pleurs, râlement, appel aux armes,
Se découpant sur le tocsin.

II

Partout, pères conscrits et Vieux de la Montagne,
Enfants nés sous le joug, rose fille, compagnes,
Or et haillon, unis pour un commun effort,
La fatigue, l'espoir semant des barricades.
Voyez, sur ces balcons, marcher des estocades,
Car chaque maison est un fort,
Chaque meuble, une arme guerrière,
Chaque porte, une meurtrière,
Et chaque toit, un arsenal.
Paris, pour la race qui prie
Et poignarde, dans sa furie
N'est plus qu'un cratère infernal.

III

Voyez-vous cette enfant que mal d'amour tourmente ?
Elle tresse un ruban pour lui ; joyeuse amante !

8.

Comptant sur son retour elle écoute des pas. —
Puisse ta paix demain n'être pas disparue !
Ignore encor longtemps qu'au détour de la rue
        Ton amant râle le trépas.

IV

        Quelle est cette masse noirâtre
        Où toute rumeur vient s'abattre,
        Manoir sans feux et sans valets,
        Sans plaisirs aux couches désertes,
        Sans gardes jetant des alertes ? —
        De nos tyrans c'est le palais.

Ce roi, vieux débauché qu'une madone incline,
A déserté nos murs pour Saint-Cloud la colline,
Complice de sa joie ; et là, Néron caduc,
Il a, sur la terrasse, apporté sa litière,
Pour contempler des siens la boucherie entière
        Qu'il vient d'ordonner à son duc.

        Content de ton œuvre hardie,
        Savoure bien cet incendie :
        Va, rien ne manque à ton festin ;
        Entends les clameurs de la mère
        Appelant, d'une voix amère,
        Ces fils moissonnés par l'airain !

Enfin pâlit la nuit, et l'aube va renaître;
Accourez tous, varlets, pages, votre vieux maître
Veut prolonger encor sa volupté de sang ;
Vos trompes et vos chiens, vos destriers de chasse ;
Allons, que dans son poing son lourd couteau s'enchâsse,
       Et s'abreuve dans quelque flanc?

V

      Le peuple, après telle journée,
      Ignore encor sa destinée
      Et le sort qui l'attend demain,
      Qui des deux sera le rebelle,
      Et si la liberté fidèle
      Viendra s'abattre en son chemin.

Là, comme un patient que ronge la souffrance,
Dans sa brûlante fièvre il évoque la France,
      Lafayette, un Brutus,
Puis il compte ses bras, ses bourreaux ; puis encore
Il retombe assoupi sans remarquer l'aurore ;
Mais lorsqu'il releva ses regards abattus,
      Le soleil était tricolore !

4 août 1830.

OCTAVE.

—

SUR LES BLESSURES DE L'INSTITUT.

SEPTEMBRE 1830.

Il est donc vrai, Français ! ô Paris ! quel scandale !
Quoi ! déjà subir un affront ;
Laisseras-tu voiler, par une main vandale,
Les cicatrices de ton front ?
Juillet, il est donc vrai qu'on en veut à tes fastes,
Au sang épanché de ton cœur ?
Badigeonneurs maudits ! nouveaux iconoclastes !
Respect au stygmate vainqueur !

JUSTICE

A L'EX-CHAMBRE QUI PROPOSAIT L'ABOLITION DE LA PEINE DE MORT.

DÉCEMBRE 1830.

—

> Soyez donc inflexible : c'est l'indulgence qui est féroce,
> puisqu'elle menace la patrie.
>
> SAINT-JUST.

En vain le meurtrier veut esquiver la hache
     Et le feu vengeur du bourreau :
Il n'est point d'eau lustrale essangeant cette tache.
     Le fer est sorti du fourreau ;
Nonobstant, en son lieu ne rentrera l'épée
     Qu'après avoir trouvé son flanc,
     Et s'être longuement trempée
     Dans ses entrailles, dans son sang.

C'est en vain, quand la foule et Dieu d'intelligence
    Ont cloué l'opprobre à son front,
Et qu'il n'est pas un seuil où ne soit la vengeance,
    Soupesant son glaive et l'affront.
Qui du glaive se sert périra par le glaive :
    Le Christ débonnaire l'a dit.
    Contre l'assassin tout se lève,
    Et tous les hommes l'ont maudit.

Eh bien ! quel était donc ton erreur, ta folie,
    Où donc s'appuyait ton espoir,
Pauvre et lâche marais d'une Chambre avilie,
    Des rois amovible encensoir ?
En vain, on a voulu, d'un funéraire voile,
    Caparaçonner ta gaîté :
    L'œil du peuple a percé la toile,
    Et vu ta générosité.

Ah ! générosité vraiment de circonstance,
    Cœurs attendris bien à-propos !
Ah ! vraiment, pour le bien, j'aime votre importance,
    Que j'aime à vous trouver dispos !
Vous savez les égards qu'on doit aux gentilshommes ;
    Vrai Dieu ! vous êtes bien appris ;
    A nous, ignorants que nous sommes,
    Pardon ! nous nous étions mépris.

Ce n'est pas dans ces rangs qu'on cherche des victimes :
          Leurs têtes dépassent les lois ;
Les mêmes faits qui sont pour nous complots et crimes,
          Pour ces messieurs sont des exploits.
Le tribunal pour eux n'a donc rien qu'on redoute;
          Il est pour les hommes de rien :
          Le bourreau n'est soldé sans doute
          Que pour frapper le plébéien.

Malheureux !... qu'a-t-il fait ? — Dans sa sombre misère
          Il osa fausser un écu. —
Déjà pour le saisir le juge ouvre sa serre,
          Déjà ce pauvre... il a vécu !...
Mais égard à qui jette injure sur injure
          Et fléaux sur la nation,
          Dont le fer soutient le parjure
          Criant extermination !...

Non, non, ça ne se peut : levez vos yeux profanes !
          Voyez à l'entour du château,
Voyez-vous, par milliers, s'entre-clioquer ces mânes
          Qui semblent brandir un couteau ?
Un sceptre entre leurs mains et sous leurs dents se broie,
          Ils évoquent le talion.
          Ainsi tournant près de sa proie
          Rugit un farouche lion.

C'est Berton! bien petit au sommet de l'échelle,
        Qui fut brave et tomba poltron ;
Puis ces quatre sergents, héros de la Rochelle,
        Puis cet infortuné Caron ;
Puis, tout criblés de plomb, le fier Labédoyère,
        Les Faucher, Mouton-Duvernet,
        Et cet autre foudre de guerre,
        Le malheureux maréchal Ney !

Puis, découvrez encor ces victimes sanglantes
        Que fit tomber l'arc Saint-Denis :
Hélas ! à vous venger nos haches furent lentes,
        Martyrs, que vos noms soient bénis !
Et vous, qui sur le front avez une auréole,
        Vous qu'à regret la mort cueillait,
        Salut, Farcy ! salut Arcole !
        Salut aux héros de juillet !

Eux seuls auraient le droit de prendre la balance
        Et d'absoudre leur assassin ;
Mais la mort est muette, et, comptant son silence,
        Vous caressez votre dessein.
Mais lorsqu'ils sont tombés, ils ont crié vengeance !
        Vous l'avez entendu crier ?
        Allons, un peu moins d'obligeance,
        Il faut la mort au meurtrier !

Ce n'est pas de cela dont votre cœur s'afflige,
    Cœur où le Corse a mis l'effroi ;
A votre roi chassé rendez hommage lige,
    Pleurez, pleurez sur votre roi.
Vous n'avez rien perdu, point d'ami, point d'amante,
    Peu vous importent nos héros !
    Mais Holyrood se lamente,
    Pleurez, pleurez sur nos bourreaux !

LE CHANT DU RÉVEIL.

DÉCEMBRE 1830.

—

> Avanzad compagneros,
> Mas bravos que le Cid !
> Marche de Riego.

A nos flancs s'est usé l'éperon homicide,
Qui, sanglant, résonnait sur le talon royal ;
Le coursier populaire a, d'un pied régicide,
Écrasé le bandeau sur le front déloyal ;
Brisant de son poitrail la caduque barrière
Qu'en vain l'épée esclave essaya d'étayer ;
Mais, libre, à peine entré dans la libre carrière,
Que déjà sur ses reins pèse un autre écuyer !

En avant, compagnons ! plus terribles, plus braves
Que Bayard et Roland ;
Vous serez libres, rois, et vous êtes esclaves !.
Compagnons, en avant !...

Nous savons ce que peut notre main si puissante ;
Nous savons qu'en trois jours un roi s'anéantit ;
Mais, ivres des trois jours, nous dormions sous la tente
Quand un sceptre de plomb sur nous s'appesantit.
Oui ! trop tôt nous avons déserté la mêlée,
Rengaîné notre fer et suspendu nos coups.
Déjà la liberté, loin de nous exilée,
Pleure en nous évoquant ! Gaulois, éveillons-nous...

En avant, compagnons ! plus terribles, plus braves
        Que Bayard et Roland ;
Vous serez libres, rois, et vous êtes esclaves !
        Compagnons, en avant !

Ils ont dans leurs réseaux pris l'Homme Séculaire,
Et couvert son front pur de baisers mensongers ;
S'ombrageant d'un manteau, qu'ils savaient populaire,
Pour s'ouvrir dans nos rangs un chemin sans dangers.
Reprenons notre idole, et frappons ses faux prêtres
Qui couvent leurs desseins sous des masques amis.
Ceux qui sont contre nous, Gaulois, ce sont des traîtres !
Ceux qui ne suivront point, ce sont des ennemis !

En avant, compagnons ! plus terribles, plus braves
        Que Bayard et Roland ;
Vous serez libres, rois, et vous êtes esclaves !
        Compagnons, en avant !

A nos sanglants appels se leva la Belgique,
La Belgique à son tour a trouvé de l'écho ;
Car la vieille Pologne, en une nuit magique,
A broyé son cercueil : victoire à Kosciusko !
A deux rois négriers la cargaison échappe :
Belges et Polonais, recevez nos serments !...
Mais notre roi bourgeois frissonne dans sa cape,
Quand l'autocrate en pleurs jette des hurlements.

En avant, compagnons ! plus terribles, plus braves
          Que Bayard et Roland ;
Vous serez libres, rois, et vous êtes esclaves !
          Compagnons, en avant !

Toujours briserons-nous notre infâme servage,
Pour nous revendre encore aux bouchers plus offrants ?
Notre cœur est de cire, et notre voix sauvage,
Et le sabre à la main nous gémissons souffrants.
Levons-nous ! et formons un socle granitique
Pour une Liberté que nous fondrons d'airain !
Que jusqu'aux cieux troublés, monte la République
Et les cris de bonheur du Peuple Souverain !

En avant, compagnons ! plus terribles, plus braves
          Que Bayard et Roland ;
Vous serez libres, rois, et vous êtes esclaves !
          Compagnons, en avant ! ! !

A F. AVRIL,

SECRÉTAIRE DES AMIS DU PEUPLE.

BOUTADE.

14 JUILLET 1831.

> L'aristocratie dit: Ils vont s'entredétruire; mais
> l'aristocratie ment à son propre cœur; c'est elle
> que nous détruisons; elle le sait bien.
>
> SAINT-JUSTE,

Oh ! que vous êtes plats, hommes lâches, serviles ;
Oh ! que vous êtes plats, vous, qu'on nous dit si beaux ;
Oh ! que vous êtes plats, que vos âmes sont viles,
Vous, de la royauté-charogne, vrais corbeaux !
Oh ! qu'elle fait dégoût, la tourbe laide et bête,
Levain que repétrit chaque jour un journal,
Dans la bourbe et l'ordure, entrant jusqu'à la tête,
Poursuivant son cornac de son vivat banal.

D.

Enfer ! ils valent bien qu'un tyran les gouverne,
Leur insufflant la peur par son lourd porte-voix,
Ces étroits boutiquiers, qu'enivre une giberne,
Bayards de c.. de s... tourneb...... de R...!
Au sage qui leur dit ce qu'est leur monarchie,
Qu'ils sont les n.... p.... d'.. R.. f.... au c... f...
Il répondent néant ! hurlent à l'anarchie !...
Dans tout ce qui se dresse ils ne voient qu'échafauds.
Pauvres gens, soyez cois ! qui veut de votre vie?
Moins de prétention, vous nous faites pitié !
A moins que du bourreau la hache ne dévie,
Vos fronts, pour le billot, sont trop bas de moitié !

EPILOGUE

Housch! housch! housch!

BÜRGER.

MISÈRE.

La faim mit au tombeau Malfilâtre ignoré.
GILBERT.

A mon air enjoué, mon rire sur la lèvre,
Vous me croyez heureux, doux, azimé et sans fièvre,
Vivant, au jour le jour, sans nulle ambition,
Ignorant le remords, vierge d'affliction ;
A travers les parois d'une haute poitrine,
Voit-on le cœur qui sèche et le feu qui le mine ?
Dans une lampe sourde on ne saurait puiser :
Il faut, comme le cœur, l'ouvrir ou la briser.

Aux bourreaux, pauvre André, quand tu portais ta tête,
De rage tu frappais ton front sur la charrette,
N'ayant pas assez fait pour l'immortalité,
Pour ton pays, sa gloire et pour sa liberté.
Que de fois, sur le roc qui borde cette vie,
Ai-je frappé du pied, heurté du front d'envie,

Criant contre le ciel mes longs tourments soufferts :
Je sentais ma puissance, et je sentais des fers !

Puissance,... fers,... quoi donc ? — rien ! encore un poëte
Qui ferait du divin, mais sa muse est muette,
Sa puissance est aux fers. — Allons ! on ne croit plus,
En ce siècle voyant, qu'aux talents révolus.
Travaille : on ne croit plus aux futures merveilles. —
Travaille !... Eh ! le besoin qui me hurle aux oreilles,
Étouffant tout penser qui se dresse en mon sein !
Aux accords de mon luth que répondre ?... j'ai faim !...

TABLE

—

Préface.   1

Prologue.   1

Benoni.   5

Le vieux capitaine.   7

Adroit refus.   14

Sanculottide.   14

Le Rendez-vous.   17

Le Médaillon d'Iseult.   21

Désespoir.   23

Fantaisie.   26

La Corse.   28

Doléance.   32

Victoire.   35

Isolement.   37

La Fille du Baron.   40

Le Rempart.   42

Rêveries.   45

L'Aventurier.   47

Hymne au Soleil.   49

Heur et malheur.   51

Odelette.	54
Ma Croisée. -	55
Sur le refus du tableau, la Mort de Bailli, par le jury.]	58
A Jules Vabre, architecte.	61
Agarite. Fragment.	63
Le vieux Ménétrier breton.	75
Origine d'une Comtesse.	77
La Soif des Amours.	80
L'Incendie du Bazar.	85
Nuit du 28 au 29. Grande Semaine.	87
Sur les Blessures de l'Institut.	92
Justice à l'ex-Chambre qui proposait l'abolition de la peine de mort.	93
Le Chant du Réveil.	98
Boutade.	101
Épilogue.	105

FIN DE LA TABLE.

www.ingramcontent.com/pod-product-compliance
Lightning Source LLC
Chambersburg PA
CBHW051744090426
42738CB00010B/2411